Labirinto com linha de pesca

Altair Martins

Labirinto
com linha de pesca

Diadorim
EDITORA

© Altair Martins

Editores
Denise Nunes
Lívia Araújo
Flávio Ilha

Projeto gráfico e diagramação
Studio I

Capa e guarda
Creative Commons

Grafia atualizada segundo o Acordo Ortográfico da Língua Portuguesa de 1990, que entrou em vigor no Brasil em 2009.

Dados Internacionais de Catalogação na Publicação (CIP) de acordo com ISBD
—
M386l Martins, Altair
Labirinto com linha de pesca/Altair Martins
Porto Alegre - RS : Diadorim Editora, 2021
96 p.; 14 cm x 21 cm
ISBN 978-65-990234-7-7
1. Literatura brasileira. 2. Poesia. I. Título.
CDD 869.1
CDU 821.134.3(81)-1
2021-1276
—
Índice para catálogo sistemático
1. Literatura brasileira : Poesia 869.1
2. Literatura brasileira : Poesia 821.134.3(81)-1

Todos os direitos desta edição reservados à

www.diadorimeditora.com.br

*Yo todavía mantenía la sed
por si la muerte regresara*
Javier Lucerna

Apresentação	**9**
paisagens	**16**
seres	**36**
palavras	**44**
cenas	**58**
retratos	**72**

Ir contra, ir junto: em torno de labirintos e linhas de pesca

Diego Grando
Poeta, autor de *Spoilers* (2017) e *Rua do templo* (2020), entre outros

Engana-se muito quem pensa que este primeiro conjunto de poemas do Altair – permitam-me a intimidade – seja o livro de um poeta estreante. Percebem-se, já de partida, tanto a mão segura de quem tem uma relação tensa e intensa com a linguagem quanto a capacidade de controlar afetos, percepções e pontos de vista – não para escamoteá-los, mas para intensificar e alargar seus efeitos. Também se engana quem espera da poesia do Altair um predomínio do elemento narrativo: embora a hipótese seja plausível, já que ele *vem* da prosa – uma prosa, aliás, que poderia, sem muito espanto, ser qualificada de *poética*, seja lá o que isso queira significar –, a leitura deste *Labirinto com linha de pesca* é reveladora de seu equívoco.

Começo por esses pontos porque, sim, me enganei. Mas com razão.

Acontece que Altair o tempo inteiro manda sinais contraditórios, sinais que não fluem em corrente contínua, mas alternada – e ainda bem. A começar pela presença de Javier Lucerna, esse revolucionário e poeta maior nicaraguense que Altair inventou e fez com que Pedro Vicente, o confinado narrador-protagonista de *Terra avulsa*, traduzisse. A questão é que a epígrafe de Lucerna talvez peça para ser lida tanto ou mais como epígrafe do que como jogo (meta-)autorreferencial. E se assim o fizermos, lá estarão o desejo em aberto, uma certa gana de seguir, de ir até o fim, ainda que inevitável, ainda que inesperado o esperado, a morte na ponta da linha de pesca que é este livro-labirinto: *Yo todavía mantenía la sed por si la muerte regresara*. Resta saber se o Altair é Dédalo ou Teseu. Ou Ariadne. Ou o Minotauro.

É possível, obviamente, encontrar narratividade – essa espécie de empuxo para a sucessão temporal, para a percepção dos diversos pontos como uma linha – neste labirinto, sobretudo pensando na arquitetura interna do livro: organizado em cinco seções, partindo de "paisagens", passando por "seres", depois "palavras", então "cenas", até desembocar em "retratos", há um percurso de fora para dentro, do plano de fundo para o primeiro plano, da folha deitada para a folha em pé. Individualmente, contudo, os 51 poemas – as resistências no caminho da corrente elétrica – não se constituem como poemas narrativos, e são novamente os próprios títulos das seções que antecipam essa percepção, indicando mais o tempo estático do que em movimento, mais a pintura do que o cinema – exceção feita a "cenas". Sinais ambivalentes.

Feitas as considerações mais amplas, gostaria de falar um pouco do que encontrei nos poemas – alguns aspectos que fui observando a cada uma das paradas ao longo do percurso.

No que diz respeito aos temas, o leque é vasto e abana com força. Algumas linhas mestras, longe de pretender dar conta de tudo: o diálogo com as artes plásticas em "paisagens", a confusa complementaridade entre o dado natural e o cultural, inclusive com pitadas ensaístico-conceituais, em "seres", a indagação sobre a própria linguagem, sobre a incomunicabilidade – como, aliás, toda grande poesia – e sobre o caráter ilusório da compreensão (o *absurdo/ do entendimento*, em 'absurdos') na seção "palavras", o amor, à sua maneira obtusa, em "cenas", e o próprio indivíduo, numa espécie de acerto de contas consigo mesmo, em "retratos".

Que não se pense, porém, num poeta fechado em si, restrito aos próprios dramas, gostos e experiências. Irrompem, a todo momento, a (auto)crítica do presente, as relações de trabalho-exploração que dão as regras do jogo social, a força avassaladora do progresso técnico e do capital, a percepção da precariedade da vida. Por exemplo, em 'Mas há os que não são a paisagem', poema que abre o livro:

Saberemos quando – ó tu,
que tudo compras e tanto te economizas –
que a paisagem é larga e movediça
e não cabe na caixa econômica?

Ou em 'A moça':

Disseram na faculdade de medicina
que a moça tinha o rosto manchado,
que só podia vir às aulas de branco
e que era melhor que fosse enfermeira.

Ou em 'Ribeirinha (Porto Alegre ontem e hoje)':

A pressa encardiu o céu, passou dedos de graxa
nas nuvens e árvores que se educavam no espaço.
A pressa envenenou os peixes, puiu o rio,

que agora dorme como se estivesse em coma.

Ou em 'Nossa tosse e todas as coisas que insistem':

Sentados no sofá e sob o silêncio das lâmpadas led,
nos completará alma e corpo a novíssima série
                                      [americana.
É a hora da glória
e vamos abrir uma garrafa de cerveja
e depois uma caixa de medicamentos,
e depois
a lata de lixo.

    Outro aspecto a ressaltar – e o que me deixa mais louco de inveja – é a capacidade imagética do Altair. Sobre isso, aliás, é mais prudente começar mostrando do que tentando explicar. Veja-se *a sensação de estar no centro/ de alguma moeda que já perdeu a cor*, em 'Suposições', ou a possibilidade de *um contrabaixo apenas na cabeça da nota*, em 'Qualquer', ou a constatação de que *As palavras, mesmo vazias,/ são ideias de vento/ completas com nada dentro*, em 'palavras', ou a noite mal dormida *porque os cachorros passaram a madrugada/ latindo dor de dente*, em 'manifesto', ou, finalmente, a *saliva rala/ no drops extraforte do outro século,/ com todo o artificialismo/ de pegar raiva mesmo atualizando o antivírus*, em 'perspectivas'.
    Em alguns momento, a imagens são tão precisas e indissociáveis da própria construção da frase que fazem lembrar o João Cabral de *Pedra do sono* e *O engenheiro* – um quê surrealista, o rigor do verso como unidade rítmica do poema, acentuado pela escassez-quase-recu-

sa de enjambements: o *cão roubado na esquina do dente*, em 'o baile', a *raiva emprestada/ como uma voz de isopor*, em 'Teu rosto', ou *o fim da tarde/ que a cortina toreia*, no já citado 'Nossa tosse e todas as coisas que insistem'. Outras vezes, esse trabalho sintático-imagético remete às regências desvi(sualiz)antes dos melhores momentos de Manoel de Barros: *Eu pensava em ficar louco de tanto escrevendo*, em 'Minha mãe', ou É na distância que a gente mede/ o farol do cigarro de quem, no pensando, dorme, em '(o parente das pedras que sentem sede)'.

Um último ponto – não menos importante, e muito longe de ser *o* último ponto – é o do sujeito que vai se moldando e mostrando no decorrer dos poemas, até assumir-se em definitivo nas duas últimas seções do livro. Trata-se, na minha leitura, também de um movimento duplo, que é simultaneamente convergência e abertura: convergência para o indivíduo, para a primeira pessoa, ou para a máscara feita de marcas pessoais – um "eu" que se diz escritor e professor, assim como o próprio Altair; abertura para um lirismo mais alinhado a certa tradição brasileira do século XX, de um Drummond, de algum Bandeira, lirismo (auto)consciente e (auto)irônico, jamais (auto)complacente.

Surgem, então, os momentos mais intensos de memória e de introspecção, de balanço da vida. Como em 'Dia dos bobos':

Já não dá mais tempo
de ser o que eu pretendia:
tucano, bombeiro, submarino.

Cumpri com as roupas que me deram,

ainda que apertadas,
e não neguei comida,
cartão de crédito
nem elogio.

   Ou em 'Razões':

Mamãe me isolava o cabelo
com abas de papelão
e matava piolhos com detefon
e ela tinha razão.
Podia também ter razão o sujeito alemão
que disse que eu tinha
verborragia
e pelancas no texto e eu pensando
que faço daí?

Ou em 'Login':

As telhas de barro são meu partido:
minha ideologia é lançar sobre elas o sabão
e esperar que se calem as chuvas e os sapos.

Pra baixo de qual mesa rolou o brinquedo
de buscar nas casas os outros 10 do futebol?
Naquele tempo perdíamos o jogo apenas.

   E a constatação algo desolada na última estrofe, de que *Hoje sobrou uma criança que remava seu balde/ num rio loteado por garrafas de plástico* –, que faz o poema culminar neste verso de precisão aforística: *Se o vento está cercado, o grito vai pagar imposto.*

Labirinto com linha de pesca

Na maior parte das vezes, a boa poesia é a antítese da pressa e das conclusões definitivas. Da solução fácil e da linha de montagem. Da tranquilidade, da gratidão, da compreensão reconfortante. E é bem aí, num ir contra que nos convida a ir junto, que se situa este *Labirinto com linha de pesca*. Nesse jogo antitético, talvez a imagem contrária à do labirinto seja a da linha reta. Ou do deserto. E à da linha de pesca, a da pesca de arrasto. Que as leitoras e os leitores lidem como puderem com essas imagens em negativo.

Que bom ser enganado assim pelo Altair. Que bom, Altair, ser teu contemporâneo.

1. paisagens

Mas há os que não são a paisagem

Somos a paisagem e o que ela habita:
vestimos o horizonte e calçamos a relva
(sua meia e sapato),
temos nuvem e rio,
ilha de luz, água de sombra
e, sem que sejamos proprietários do mundo,
quando chegar a noite,
teremos o que dizer, porque respeitamos o olho
e seu latifúndio intocável.

Saberemos quando – ó tu,
que tudo compras e tanto te economizas –
que a paisagem é larga e movediça
e não cabe na caixa econômica?

Sabemos que é impossível, desde a tua cadeira,
avistar o que é nosso e te pertence:
mas depois que venderes
a memória do dia
(por já não ter serventia),
a paisagem (embora outra) continuará diante de ti
como aquele filho que podia ser teu.

O baile

Todos os dias no baile,
os carros entram e saem do asfalto
e uma menina fuma antes de nascer.

E é porque todos os dias, no baile,
há uma hora de comer que a fome habita,
e, se a sede fala palavras com pedras na mão,
é porque dentro dos carros
alguém pode estar dirigindo molhado de música.

E é porque todos os dias no baile,
há sempre alguém que jura que jura que jura
que é inocente
porque nunca viu um homem morrendo.

Mas tu,
cão roubado na esquina do dente,
conta:
      como é a distância vista pelas costas.

E a dama e o brinco e a joia, contem:
como se faz um vão no abraço.

E se tu, irmão-retrato, puderes,
que confio que podes, conta:
      como é a cor da lembrança no olho fechado.

Quero que contem,
ainda uma vez,
mosca do sono,
máscara da carne e do osso

Labirinto com linha de pesca

porque é que, todos os dias
no baile,
os estilhaços do vidro
sempre alcançam meu único nome.

Teu rosto

      sobre a tela *Figura*, de Mário Gruber (1966)

De repente descobres de que és feito:
espuma, lona, barbante,
alguma tinta que simule uma pele
sobre a pele clandestina que te cobre.

És dormente.

Teus olhos verdes não são teus:
são círculos de cebola domada,
e agora já podes ver, sem choro,
as tuas próprias costuras.

És míope de nascença.

Tuas orelhas bobas
como as de um símio
ou outro ser que julgas inferior
também foram costuradas.

O que ouves nunca entendeste.

Teu nariz de dois feltros
como falsos botões
te interditam o mal-estar
do próprio fedor.

Porque já fedes a chão.

Também a tua boca,
nos zigue-zagues da fala,

Labirinto com linha de pesca

produz uma raiva emprestada
como uma voz de isopor.

Já não ris de mais ninguém.

Tua fisionomia não tem sobrenome:
não és ariano, africano, índio ou chinês.
Por trás de tua cara emprestada
nem notas que te apontam o dedo.

És o idiota da parede.

Descobres que não és puro.
Pedaço a pedaço, de cima a baixo,
lado a lado, és retalho e costura.
E não pagas o que deves aos outros.

Não és digno deste rosto.

Anjos

>sobre a obra homônima de Sônia Castro (s/d)

Mas não se trata disso:
os livros vivem dizendo que o anjo surgirá amarelo
como uma luz que nos espia
e não precisaremos vê-lo para sermos perdoados.

Estaremos cumprindo os papéis, claro,
de irmão mais velho irmão mais novo,
sem saber que puxamos aos olhos
daquele que nos ilumina e não nos disse o nome.

Não vimos o mar nem a roda-gigante
e sempre nos respeitamos sem dizer palavrões.
Então, se a luz é pra ser fugitiva como a sombra,
podemos dizer que enfim somos inocentes.

Também se encaramos o muro
sem armas de brinquedo ou bala de goma,
deveríamos saber mais que os apelidos
quando vierem nos chamar pelos nomes.

Se seremos convocados à vida
e vestiremos suas roupas de gente
e comeremos as refeições e sobremesas dos livros,
aceitamos esta fotografia de dois irmãos assustados.

Mas não se trata disso:
precisamos é ver o anjo que surgirá amarelo
pra acreditarmos na luz que tanto espia
e sequer ilumina o muro.

Composição com figuras

acerca da obra homônima de José Maria (1962)

Em verdade somos a margem
da quadra de tênis,
do clube de pôquer
e do restaurante onde se come peixe cru.

Ele diz que invadimos a casa,
mas somos donos da nossa própria rede,
uma rede inexplicável
onde dormem cinco pessoas.

Somos a margem das chaves,
com o céu da boca sem chuva,
e os sabores que da vida
são imaginação.

Ele diz que não fazemos por merecer,
mas agora que nos olha
não pode caminhar sozinho
porque sempre nos olha com os olhos no chão.

Em verdade somos a margem
de tudo o que não roubaremos
daqueles que vivem com medo,
como se fôssemos o temporal.

Ele diz que não somos problema dele
(ele, que não tem problemas).
Somos a margem e não cabemos
no espaço diminuto de um bolso.

Mas a verdade é que somos a margem
sem rio, o preto no branco e os borrões
da carne, com o tapa que ninguém escuta.
E ele também precisa lavar as mãos antes de comer.

A mãe: a casa de pedro e ismênia

    sobre o óleo *Mãe*, de Isidoro Vasconcellos (s/d)

a mãe é esta piscina toda cheia aqui:
axila, seio, pescoço.
a mãe tem ruas sem nome em seu entorno
e por isso escapa de ser cidade.
quando a mãe nos olha, com o pedro no colo,
o rio da esquina faz curvas.

a mãe é a gangorra da praça:
sobe-desce e se oferece a ismênia,
que já tem 12 e não pode subir.
quando a mãe cansa
pedro me apego à sua carne cor de madeira.
a mãe vira uma árvore,
uma árvore que caminha,
que cozinha e nos põe no banho.

ismênia me pego pensando nela
e no homem invisível
que um dia foi seu amor.
Trabalha ele entregando gás?, ismênia me pergunto.
tem bigode, cara de artista?
a mãe não fala disso.
ela tem cascas onde cabem os dedos
e lugares onde o sono tem cheiro de banana.

a mãe é as paredes da casa
mais o telhado e o soalho:
quando queremos dormir,
pedro e ismênia não precisamos
fechar as portas.

A moça

    ao nanquim de mesmo nome, de Luís Ganem (1963)

A moça pesa as razões de um sonho.
Na fraca luz de sua timidez,
ela aprendeu a ler aos sobressaltos
e somar além dos dedos das mãos:
uma pipoca beija-flor
um brinquedo
um vestido
um caderno de caber segredos
um hospital onde um dia
ela mesma
dará um jeito nas varizes da mãe.

Disseram na faculdade de medicina
que a moça tinha o rosto manchado,
que só podia vir às aulas de branco
e que era melhor que fosse enfermeira.

Pensativa, a moça:
é ela se vendo em todos os instantes dela mesma.
Por exemplo uma mulher que boiará
nas águas de uma praia
depois de ter beijado aos 15
de ter feito sexo aos 20
depois de desistir da medicina.

Mas quando a mãe chegar da faxina
e disser exausta que o dia foi bom,
restará à moça negar que o dia mente,
leve e mascarado, como a língua que falamos.

Labirinto com linha de pesca

Os namorados do guarda-sol vermelho

> sobre a xilogravura de Zoravia Bettiol,
> *Passeio no parque* (1965)

Os namorados do guarda-sol vermelho
resistirão
com seus passeios a dois,
vestido verde,
vento no cabelo
e ao pescoço laço de marinheiro.

Os namorados do guarda-sol vermelho
já resistiram à morte dos pombos,
ao fim das primaveras,
às flores de estufa,
à exaustão dos espaços públicos
e à melancia sem semente.

Os namorados do guarda-sol vermelho
souberam resistir também
ao silicone, cirurgias do nariz,
às pichações do corpo,
aos anabolizantes e ao crack.
Resistiram ainda
à música sertaneja,
ao humor por preconceito,
à homofobia, à pedofilia, ao feminicídio
e aos agrotóxicos.

E, sob o guarda-sol vermelho,
mantiveram seus passeios,

firmes diante do fim das cartas e dos telegramas,
pela ascensão do que é fugaz e provisório:
como os chats e como o orkut,
as amizades de facebook,
o twitter e a contabilidade,
como as fotografias de instagram, cenas de snapchat,
o cuspe do wahtsapp e
o sexo por tinder.

Mesmo que os elefantes sejam extintos
e nos tornemos todos uma única teocracia,
os namorados do guarda-sol vermelho
vão resistir,
como o fogo
resistiu
à história.

Labirinto com linha de pesca

Ribeirinha (Porto Alegre ontem e hoje)

A partir do óleo *Ribeirinha*, de Angelo Guido (1948)

Uma paisagem não tem pressa.
Uma paisagem não chega: sua malha fica,
cores de fruta capazes de eternizar as sombras.
Também a ribeira da memória sabe as horas.

Encostávamos o barco na beirada da tarde,
e as pedras reluziam como se fosse riso.
De certo a terra falava com a água,
que contava do muito peixe para pouca mesa.

As casas bailarinas tiravam o rio pra dançar
e, no tempo em que as roupas secavam nos varais,
também o vento parecia o rapaz bonito
que vinha da cidade com modas de estrangeiro.

Não havia vida fora do tempo espaçado,
dos dias de sol imenso e nuvens como faixas,
porque a vida, na ribeira, era a vida
ao ritmo das comidas que têm seu tempo de cozer.

A cidade nasceu assim, como pincéis
que, sem contorno, dão forma às casas e barcos,
e ao rio com sua paisagem de muita cor – tudo
sem que cercas separassem a vida dos vizinhos.

A pressa acabou com as casas, com suas tintas
e seus telhados de barro. A pressa apodreceu
as roupas do varal, roeu os cordões do poste,
fez desmoronar o banheiro flutuante.

A pressa encardiu o céu, passou dedos de graxa
nas nuvens e árvores que se educavam no espaço.
A pressa envenenou os peixes, puiu o rio,
que agora dorme como se estivesse em coma.

Aula

Em tempos difíceis,
olho a gota que pinga
da torneira estragada
da pia da cozinha.

Olho a poeira
que se edifica
numa pantomima de coisa viva
pela periferia
da sala de estar.

E sei olhar para a porta,
os braços cruzados
(da madeira da porta)
a interditar passagem e sonho
(a porta que, se é casca,
é ela toda uma máscara).

Só não sei olhar
para esse aí
que alisa o bonsai morto
mostrando dentes pontudos
para os que pensam diferente.

E não sei olhar também o pesadelo,
que lambe o cabelo, tosse e tem olheiras,
com seu sorriso falho porque bonito
(ele, que ignora a ciência e a arte,
pra fazer aulas de tiro).

Prefiro olhar, por fim (devo confessar),
os funcionários de plástico, ferro, madeira ou tinta:
uma cafeteira, uma panela, o micro-ondas, a geladeira,
uma lata de ervilha.
E se tenho carinho pela casa,
é porque posso encontrar,
despindo a roupa nova de toda matéria:
– a nuvem que chove
– o trigo que cresce
– a semente disfarçada de fruto
– a neblina, prenúncio de inverno
– e as peças todas de todas as coisas que se fazem universo
e cujo abraço só funciona em conjunto.

Nossa tosse e todas as coisas que insistem

Nos restos da paisagem
que a janela limita de lado a lado,
não há garças brancas bailarinas
sob o fundo azul de uma capa de revista.
Apenas prisioneiros
de documentos e boletos bancários
subvertem as melhores ideias
na antecipação a alguma ameaça iminente:
uma formiga preta, o mofo, a poeira
e a música do bar da Bete.

Mas, ora, já quitamos a caixa de sapato
no ano passado,
a chave é finalmente nossa e,
se ainda não sabemos por que batemos os dentes
mais que os tapas de uma janela,
enfim temos agora a segurança
que é portar uma arma
e não precisar de ninguém.

Isto tudo seria apenas o fim da tarde
que a cortina toreia,
não insistissem as umidades e sua gengiva verde,
uma grade de ferro,
um dente de morro,
uma nesga de luz
(única fuga onde secar os pés).

Então fica inevitável reparar num fio,
que nos comunica às contas que pagamos juntos,

e os restos do telhado,
inútil ainda que firme quanto ao vento e ao frio.
E também saltam a cicatriz da vegetação,
o que fizemos ao mundo
sob os queloides escuros.
(Talvez haja uma vingança em toda força que sobe,
com seus braços a inverter raízes,
para que durmamos
dando de ombros aos rios
e aos mares
e ao pássaro, que já não existe
na figurinha – triste – de uma caixa de fósforos).

Esta fatia que é nossa paisagem
um dia a venderemos à imobiliária
sem os reclames do grito,
das assinaturas e dos apelidos,
porque taparemos tudo com tinta,
conforme fazem os gatos.
Também não deixaremos o recado:
"devíamos ter feito piquenique
do que agora é apenas tosse".

(Pode ser mesmo que nossa história seja uma tosse
onde todas as coisas insistem,
mas é que somos expertos em sair sem deixar os
                              [vestígios do nosso fiasco).

Por enquanto,
isto que teimamos que seja "a paisagem" se revela
a favela de plástico
que desafia a lógica

e a geometria.
(Há uma sentinela em toda cidade
a sussurrar o quanto somos feios).

Mas apesar de tudo, e redundante,
sabemos que a noite cairá
cada ano mais quente.
Que na madrugada haverá chuva, claro,
como um vidro sujo
que de repente não se aguenta
e confessa ao menos uma derrota.
(Que esse vidro confesse logo!).

Será quando a paisagem soturna
nos fechar a janela.
Sentados no sofá e sob o silêncio das lâmpadas led,
nos completará alma e corpo a novíssima série americana.
É a hora da glória
e vamos abrir uma garrafa de cerveja
e depois uma caixa de medicamentos,
e depois
a lata de lixo.

2. seres

A parede do quarto

Hoje conheci
a parede do quarto
como quem surpreende uma mulher nua.

É agora: tento isolá-la de todos os pontos onde se segura.
A parede me ultrapassa.

Sei que a parede é feita de água.
Mas, se quero represá-la com um pano,
ela se enxuga.

Supondo seja feita de caixas de leite tipo B,
se a chamo pelo nome,
ela se esconde.

Na parede boiam lascas enrodilhadas
das sobras de madeira de um carpinteiro.
Sorrio para ela.
Ela fecha os olhos.

Mas pode que a parede seja feita de penas,
de cascas de ovo e fertilizante Trevo.
Vou tocá-la com a mão direita.
Ela vira de costas.

Pois sei também que a parede do quarto não pode ser
                                               [feita
de tijolos, de cimento, de tinta,
a não ser que haja uma parede antes da parede.

A parede do quarto não pode ser feita do que ela é.
Caso contrário ela não existe, atrás da roupa.
Como até ontem.

Desaprendo seu nome.
A parede perde a vergonha.

os chãos

Nada sei da natureza bela,
porque prefiro a natureza pura.
No puro, não há vírgulas,
chão, apenas.

Nada sei dos segredos do solo,
senão o silêncio.
Não entendo o que são os chãos,
porque entendo o que são
no que piso.

Quando encontro com um chão,
fico mudo, e assim conversamos
e fechamos negócio.
Os chãos sempre dizem o que quero.
Se falo mole com seus soalhos de barro,
não atinjo suas vaidades.

E quando parto,
no couro-crime do sapato:
metade me calço, metade me aparto.

contemporaneidade

A árvore adulta
é a árvore de todos os tempos.
Também é a árvore de todos os tempos
o tronco no chão,
e a mão que pende num galho
a lâmina e o desenho em diagonal.

A folha sendo vela da formiga,
a folha mordida pela chuva ou pelo chão,
a folha não escapa da folha
(à contemporaneidade das folhas pensas).

Não sou do tempo dos rádios de galena,
tenho alguns anos no bolso,
uma porção de fotos,
e há pouco me masturbei
por uma mulher tão sem nome quanto.
E se há o que gosto: gosto do mês de agosto,
porque a bomba que explodiu dia 6 foi longe de mim.

Mas a guerra que fizeram,
meio século antes,
fui eu quem fiz.

Sei a data de quando nasci
e sou por isso alguém no fim.

O tronco que dissipa
se fica.
Meu nome faz apodrecer

Labirinto com linha de pesca

as possibilidades de que eu não morra.
Mas a árvore que cairá
até a extinção dos homens,
sei que a derrubo
onde ela for derrubada.

Natureza

Natureza é onde o homem não vinga
e é onde deus não tinge sua luz.
Mas é quando, na sala,
as flores de plástico podem parar de fingir.

E há apenas cor nas paredes
e apenas manta no sofá
e sobretudo poeira em tudo
e a vida anônima
dos rodapés.

Onde natureza finca
não há coisa-deus-nem-homem,
que cria ou creia.
O que há
se cria sem motivo de quem
nem para,
com naturalidade.

Mas natureza é também
onde o homem ou deus esteve
e já não são:
uma sala de estar está no exemplo,
onde não há vida
mas sã desconsciência,
e os cinzeiros são belos,
vingadores,
e sem utilidade,
se havendo, apenas,
na sala de estar
que sempre está.

falou o gambá da fotografia

Fotografar um gambá:
perder sua fortuna, seu cheiro.

Encontrá-lo no repente
em que seus olhos
podem caber na lente.
Deixá-lo escapar,
mas não sua imagem.
O cheiro, temor, foge com ele.

Saber o que ele não suspeita:
o poder de gente
recolhe sua imagem e seu medo.
Mas não recolhe seu cheiro.

Reconhecer além da suspeita:
há uma foto em seu sangue
que anuncia:
o cheiro do gambá tem medo
do alheio.

3. palavras

A Língua

a língua como uma cobra
em seu chocalho:
um chocalho
dentro do sono

como no sono
quando curva da concha
e uma concha
ao redor da orelha,
a língua

como a língua na orelha
uma roda de bicicleta
uma bicicleta
na bolha de sabão

como o sabão
lavando a chuva
uma chuva na bacia
da língua

Ela não entendeu
e disse assim
sim
e a língua.

Suposições

Supondo que o nome disso
não seja inquietação,
mas a sensação de estar no centro
de alguma moeda que já perdeu a cor.

Supondo que o nome disso
não seja sono.
Seja antes uma falência de corpo e de sombra,
com a certeza de que a sombra faliu antes
e o corpo é só ensaio.

Supondo que, até que escureça.
Uma cor estará na moda e,
até que eu esqueça,
continuo bebendo leite adulterado
porque o destino de tudo é esconder-se de puro.

Supondo que o nome
esteja escrito numa língua tão solitária
que não cumpre mais papel de gesto humano.
(Então talvez gritar seja um ato vergonhoso
como todas as vezes em que eu devia ter gritado).

Supondo que está sobre a mesa,
na cara do homem que carrega tinta,
ou no colo, qualquer colo.

Constatação

Se fosse fácil,
e o vento convocasse a pedra,
não haveria coldre
onde esconder a felpa.

Se fosse fácil,
ninguém teria pena do oboé
nem deixaria uma sílaba à mesa
sem a mínima vontade de socorro.

Se fosse fácil,
era só pagar no caixa,
corrigir o troco
e um tapete de despedida.

Mas ah se fosse fácil,
e o vento já tivesse convocado
e convertido
a pedra,
o coldre minaria a felpa
com mãos no bolso
a pensar carinhos bobos.

Mas há muitos motivos e eles boiam.
No fundo do copo,
abraçado de açúcar,
o desperdício.

A alguém que vai

Sabemos, claro, que a cadeira ficará vaga.
No espaço,
na chama,
haverá apenas o estalo
a que se dará provisoriamente o nome de presença.
Mas será o contrário.

Ao redor de toda matéria,
constará a lei do pó,
das linhas,
até o esmorecer das cores.

Na cadeira de quatro patas,
um bicho morto,
ainda de cabeça erguida,
dará sua lição a nós que estamos vivos.

Há uma palavra para isso,
e o contorno, embora a borre,
é incapaz de escondê-la.

Qualquer

São precisos tão somente homem e piano.
Mas uma estrada solitária, onde uma curva, ajuda.
Ajudam formigas sem nome carregando fogo
embora o verão, e embora o verão,
também a nuvem quando mínima.
Pode ser um homem que pesca um tubarão e o solta.
Pode ser um contrabaixo apenas na cabeça da nota.
E podem ser um rádio, quando da notícia do domingo,
e mulheres que a praia sem sombra sempre adula.

Valem moedas e pedras, pontapés e solas de dedo.
Ou garrafas quebradas, se vazias, e vazias, se cheias.
Vale um cego e vale uma lixa de unha.
Vale um vale-brinde.
E servem também um almoço pesado,
um copo d'água da torneira,
um cabelo, seu fio,
e o sol na areia e o gole de vento.
Mas serve sobretudo a chuva
e não ter guarda-chuva,
alguém com um canudo,
em rumo à faculdade de arquitetura.
E dá pra fazer sem cola,
só com jornal picado e maisena.

Se houver um chaveiro
e cinco chaves de não saber qual é,
pode ser.
Mas pra quê? se bastam as antenas dos carros
e escovas de dente, em pacotes com duas.

absurdos

é absurdo um rio que corre pro mar
tanto quanto um céu sempre azul que,
se perdesse o azul de sempre,
inevitavelmente se faria absurdo

são absurdas as flores, todas as flores,
asa-delta de chão

e é absurdo o sabor, a cor
a navalha de espuma rente ao pelo
e à pele lisa são absurdos
e é absurdo o corte e o sangue
e o que há de fechar o sangue no corte
na casca

absurda é a água que sai da torneira,
que é água da torneira
e são igualmente absurdos a ave e o voo
que dormiam no ovo
que se dormia

e a coisa ar que não se vê no ar
(e tudo o que cabe nele, no inclusive o verbo caber)
e são igualmente absurdas as pedras todas,
agarrando-se à terra,
e a Terra mesma, essa valsa no vão solitário
da vida, absurdo que se vive

sou absurdo e os que cruzam por mim,
e é absurdo o encontro

Labirinto com linha de pesca

e o caminho que cada um segue
ou tende a seguir,
porque mais absurdo é não seguir

só não é absurdo
quando o mar vai ter ao rio
quando o inverno traz sua nuvem
quando a palavra
qualquer
      absolve-se no
absurdo
do entendimento.

Procura-se

Procurar é não encontrar,
e o verbo que transita,
quando acaso encontra,
morre.

Procurar é estar prestes a,
à mercê de,
quase.
A aflição não me mata,
mas me fere tanto,
que não é raro desejar-me morto.

Reflete em cada pessoa
cada ideia que tenho de cada pessoa.
E eis que minhas ideias das pessoas
multiplicam as populações do mundo.

A procura constante de alguma coisa
me faz recuar às coisas poucas que finjo ter encontrado.
Às vezes abro-remexo gavetas antigas,
brinco com o pó,
descolo selos de cartas,
reavivo receitas que não deram certo
e concluo sonetos quebrados e depois concluo:
não deveriam ser sonetos.

Então perguntar
se o que procuro
já não está em mim
parece um desejo de quem perdeu os dentes
e espera encontrá-los com mapa.

lendas

1. joão de barro

O Sol transformou João em pássaro
por ciúme da Noite
que desejava João.

A Noite mandou recado
pela Chuva:
Não me esquece, João.
Não me esquece, João.
Jo-ÃO,
Jo-ÃO!

Então, do rio João colheu o barro
e fez casa no alto de uma árvore.
A casa que João moldou
ele moldou escondido do Sol
que não viu, atrás da folha.

Durante o dia, a Noite dormiu
na casa, sob a asa, de João.
Quando ficou prenhe
chocou um ninho de trinta sombras aladas
que se revezam em seu lugar.

2. mímese

Na origem do mundo
uma coisa imitou a outra.

Um fogão automático imitou um isqueiro
que imitou uma caixa de fósforos
que imitou a pedra.

O garfo, imitando o ancinho,
(que havia imitado a vassoura)
foi imitado em espeto duplo.

Um homem, imitando o pano de prato,
fez roupa de secar suor
e se sujar com a terra.

Imitando os rádios,
o homem falou.

Então, da fala,
o homem criou
e foi estúpido
como se imitasse o nada
de onde a primeira coisa
alcançou ser imitada.

Observando garrafas de cerveja
fazendo música quando empilhadas,
um outro vasilhame balançou negativamente a cabeça
dizendo "esses aí já estão virados!"

galinhas e galinhas e galinhas

O nome da galinha do menino
era Galinha, porque não tinha nome.
Mas uma galinha não sabe seu nome.
Por isso, mesmo que tivesse,
o nome não seria da galinha,
mas de quem o põe (o nome).

Também o cão não conhece que é cão,
nem conhece galinha na palavra galinha.
E não reconheceria menino na palavra menino,
nem que fosse o menino o seu dono.

Por isso, quando alguém fala galinha,
não é com a galinha.

As palavras galinha, cão,
não remetem nem ao cão nem à galinha.
O menino que fala
mal sabe,
está falando de uma galinha
sua, que é tão sua
quanto o cão que não é seu.

Porque a galinha do menino
se ajeitando na palavra vazia,
põe ovos de várias outras galinhas.

Falar da galinha,
usando a ideia de uma galinha,
é portanto fazer a palavra galinha
fazer galinhas.

Morfologia da Dor

Esfaquear a palavra dor,
fazendo brotar o nanquim da palavra morte,
sem dizer um ai nem acender cheiro de velas.

Então, do frio da palavra corte,
escorrer o vermelho da palavra sangue
(o sangue da palavra).

Com a ponta do verbo riscar,
esboçar a herança da palavra significado
e escrever epitáfios
com o sopro da palavra alívio
e o verniz de algumas outras palavras.

palavras

Uma palavra, digamos
água
tem tudo a ver com outra palavra,
digamos
lápis.

Entre água e lápis
coloca-se gente
e então torna-se possível
tirar água de lápis
ou escrever-se com água.

Enquanto coisa
nada tem compromisso de nada.
Enquanto palavra
tudo se ata e desata.

No vazio das palavras
não se preenchem ideias.
As palavras, mesmo vazias,
são ideias de vento
completas com nada dentro.

4. cenas

Nobrezas

Também é nobre o que se guarda embaixo do travesseiro.
Uma mulher nua e mole de sonho exemplifica.
Pode-se soprar um homem com o que se fez com ela:
um naufragar lento, gosto de água salgada,
e uma vontade viva de sorrir às paredes
como aos amigos do futebol de praia.

De manhã, há quem volte ao trabalho.
Mas nobreza maior é lembrar o melhor dos guspes:
um telefone refém, as mordaças e vendas, no bolso,
a adega dos sentidos,
e a lenta maresia, estrela muda,
a dispersar-se embaixo das unhas.

E se há nobreza no final do expediente,
há de se cavar uma rua
e retornar aos motivos dos gatos
(eles vasculham os cantos onde uma lua chove).
Há de se subir escadas onde se subiram paredes
sem duvidar dos olhos a fabricar o leme.

Também é nobre o que se planta sobre o travesseiro,
seara de dentes e temperos,
ou um arame farpado que não divide propriedades.

Mas não é nobre ser o que parte
sem deixar o código da tinta
para a demão dos pelos.

A esfinge

Remar horizontes, um hobby,
nunca a satisfez.
Preferia polir as esferas da dúvida alheia
sem se importar com quem cortava as cebolas.

Seus homens, pensadores de Rodin,
morreriam estátuas.

Mas eu sabia decifrar sua única fraqueza:
garimpar-lhe um silêncio
tão ponta do nariz
que suas mãos fechadas não se abririam
sem o risco de flutuar sobre Macondo.

Mesmo com a inversão dos Polos,
ela sempre esteve imune à ideia de afogar-se sozinha.

Até que eu lhe peguei nos braços,
soprei o cisco dos olhos,
para mergulhar na piscina
das noites sem lua e sem estrelas.

rio-mulher

Sei de um rio que tinha nome de mulher.
O passo não merece o calço:
não te busco aonde fores, porque nunca foste
além de algum lugar onde teu rio deságua.
Desfaço: o que fica me máscara.

A lua hoje não é tua e nem espelho
mas o mar sopra nomes sopra nomes
e há rios por dentro desse mar
correndo para o mar que há dentro do mar
e um rio onde te banhaste
que sobre si tem do teu nome
o sobrenome.

Se não me vês,
é porque me sumo
e me líquido na boca
da lembrança
como um rio:
e me rio
sou uma fome sede homem
do teu meu primeiro nome.

Altair Martins

O antes e o depois

Primeiro era o solo dos olhos.
Depois ela se transformava em calha de zinco.

Primeiro era a boca sem afiar os raios.
Depois eram as pernas invertendo o guarda-chuva.

Primeiro eram palavras num molho de chaves.
Depois era descobrir quem soprava as bolas de natal.

Primeiro era o nadar dos dentes sem fome.
Depois era dirigir uma mulher na contramão.

Mais depois era botar a mulher no seguro
(contra incêndio, inclusive).

Mais depois ainda era dormir como quem vela
a lavoura dos cabelos de quem nos divide.

Terceira Guerra Mundial

Eles dois sabiam sem-além do soalho
e a grama pisada dos olhos e as barbas do sono,
e o medo triste de como se diz bom dia
à água e a duas escovas de dente.
Mas ele achou que acender a luz era palavra repetida.

Eles dois sabiam que a mesa posta
lembrava um bicho não pelas quatro patas
muito menos pelo espelho dos talheres
que abria o ventre mudo da conversa.
Mas ele achou que escolher o silêncio
ficava mais difícil no molho das mãos.

E sabiam da janela que se aberta,
e que, se respirassem
(mais que o mínimo permitido às conchas),
entenderiam o que era óbvio,
que da maçã não se come o fruto.
Mas ele achou dos horizontes:
pensando que vai ver palavra com espinho é só de perto.

Portanto sabiam bem das cadeiras com braços
e uma cesta minguante e o pão sem reboco
e duas xícaras iguais e o café e o leite sem luta
e ele passei pra ela o açucareiro.
E ela tentou dizer e não havia.
Pior que saber é a palavra raspada:
dois metais perdendo o tom do que cantavam antes.

Pode ser que seja

Minha mão precisou de dois crimes
para que eu a condenasse ao exílio.
Mas não entrego qual mão se incrimina.
A mão pensada pode ser que seja.

É tempo de maçãs nisso que falo
por enquanto.
Mas a mão não as prova
(e nem os olhos).

Na orelha da tua mão
escutei as queixas do toque
Te entendo assim:
eu e tu (e tudo fora do lugar).
Mas pode ser que seja.

Valsa

Ela perguntou a ele se estava viva,
assim:
estou viva hein?

E ele fez entre as coxas dela e o que tremia
um mar vermelho de abrindo com as mãos
e só permitido aos que falassem a língua babel.

E ela perguntou que que era aquilo com ela
que fazia falta de segundo cartão amarelo
por trás do umbigo
assim:
que isso hein?

E ele a empurrou pra dentro de uma sombra
e plantou qualquer coisa que qualquer pessoa precise
para durante o inverno tricotar uma sopa quente.

Então ela perguntou no fim se iria morrer,
assim:
e hein, morro eu?

E de onde começava uma saudade de um telhado de zinco
ele trouxe de dentro da água da chuva lá dentro
alguma gota que começa um rio.

Lirismo

E ela me disse que os líricos tinham acabado
e eu disse que ontem dava para plugar os banhos
sem que a gente pensasse na conta de luz.

E se hoje penso que resisto,
apesar do dinheiro contado para água-luz-e-leite,
é porque, quando durmo de pé no ônibus das sete,
me sinto melhor que a previsão do horóscopo.

                E é porque todos os dias enfrento o
barulho com barulho: buzinas, pressa que corre e tem
      pressa, a notícia noticiando a si mesma, a música
má que vende bem – e o ferro e o aço e o cimento e o
                sinal-da-cruz (e o diabo que o carregue).

E é porque voltar pra casa me dá saudade do cigarro.

E se ela me espera no portão,
o meu olhar despenca e cansado de mim.
Então todo o lirismo que tenho
enfio no bolso da calça de brim
e peço para esquentar a janta
– pra ver se ensino à fome.

A tevê quer briga, e ela desliga.
Quer briga o prato colocado à mesa com força
o garfo torto e a faca mansa
e a comida sem sal.
Depois a alface, encrespada de pontas queimadas,
quer que eu morda que bata que grite que faça e
                              [escarre no chão.

Labirinto com linha de pesca

Mas eu fecho os olhos e que saudade do cigarro.

Enquanto mastigo, me engulo no grito e não brigo.
Ela finge que não existo
e rapa um resto de comida pro gato.
Depois vai dormir
sem devolver meus olhos de lírico
a dizer que sobrevivo a tudo
e que não consigo dizer que hoje não quero
não quero. Não quero brigar contigo.

E se ela me chama pra cama,
é como se pousasse um mertiolate moderno e
[transparente
nessa minha vontade de dizer que dói.
E é doendo mesmo que me esqueço:
me afogo no umbigo fundo da madrugada
e ela é uma sereia vencida
que acende meu cigarro embaixo d'água.

Altair Martins

manifesto

A história de toda a humanidade até hoje
foi a história das tentativas de falar no mesmo idioma.

Ela entrou na minha casa
falando que estava difícil
e eu fingindo que escuto
e fui remar um cafezinho.

Ela falou uma porção de coisas
que me lembraram um poema que
em francês
dizia que o estômago dos polvos era espantoso
e eu respondi Que frio estranho esse de agosto.

Então eu ia dizer que era difícil,
não dormi direito, sabe,
porque os cachorros passaram a madrugada
latindo dor de dente.
Essa semana ainda deu pra olhar televisão abafado.
E que o gato cinza apareceu
e eu dormi com o bicho esquentando os meus pés.

Mas eu só disse
o caminhão do gás passou buzinando
e eu vi que ele não toca mais a música da nossa infância.
E servi o café, quente bem quente.

E ela riu,
e eu larguei a colher sobre a pia,
e ela olhou a colher sobre a pia

Labirinto com linha de pesca

(ai eu querendo dizer não vai, está bem?
fica mais um pouco.
Almoça comigo, que eu preparo alguma coisa.
Querendo, busco vinho),
mas a colher dela só dançava com o café
e eu disse deixa assim,
mas uma fumaça fina
fez com que olhássemos pra cima.

perspectivas

Quando no outro século
não houver mais música nem cama
há muito os saca-rolhas já terão se dissolvido
e então não haverá mais suco na palavra açúcar
e toda água terá gosto.

Haverá uma saliva rala
no drops extraforte do outro século,
com todo artificialismo
de pegar raiva mesmo atualizando o antivírus.
E porque não haverá mais café
a completar o jazz da língua,
e a língua não dará corda a um soldado de chumbo.

Os elefantes serão xilogravura
quando o tigre da Tasmânia for reinventado.

O outro século tornará inútil
a firma reconhecida dos cabelos:
pra langerie não se precisará mais selo
(e no outro século da utopia já teremos cura).

Então os travesseiros de hoje
devem usar as fronhas como curingas
e esquecer o outro século
para ter gelo durante a pescaria.

Pois então prefiro despistar a sombra no casaco:
tu queres abrir a escotilha dos discos,

Labirinto com linha de pesca

e a pipoca, marcando as capitais da cama,
sugere formigas que no inverno trocarão de toca.

5. retratos

Dia dos bobos

Já não dá mais tempo
de ser o que eu pretendia:
tucano, bombeiro, submarino.

Cumpri com as roupas que me deram,
ainda que apertadas,
e não neguei comida,
cartão de crédito
nem elogio.

Mas fui o que desviou da cerca,
o que ficou sem voz,
o que forneceu a isca.

Se houve quem me soube
foram as rimas bobas
e as contas executando suas vontades.

Hoje,
já não há mais tempo de ser eu mesmo.
Sentado à beira do mar,
sou inverno
e aqueço os dentes.

Altair Martins

Quando o dia enfim parar

Quando o dia enfim parar
como os automóveis e a combustão do espaço,
e tudo pedir pra ser
uma mão de tinta
numa caverna na França
ou pedra no Piauí,
aí talvez um grito liberte
aqueles homens que caçam um animal que já não existe.

Estarei ao volante
de um carro a ser pago em 36 meses,
e não haverá música
ou chuva.
A mulher da direita
não dormirá de plena vontade
com o garoto que hoje fez a barba
(ele, que nada espera de uma terça-feira).
E se sei, no íntimo, que as nuvens conversarão,
será numa língua que já não vence o barulho.

Provável
que o mundo esteja com a comida no fogo,
a cerveja na mesa,
e, no sangue, aquela pergunta incessante
– o sentido de tudo isso agora?

Quando o dia enfim parar
num instante vermelho ou tão somente mochila,
somente terno, tatuagem, sapato, fones de ouvido,
não sei se haverá tempo,

Labirinto com linha de pesca

no buraco de tudo,
suficiente para olhar o pássaro no arame.

É por isso que antevejo:
cobertos de areia ou de sal
pelo turbilhão da praia distante,
restamos apenas sopro.

E os braços que imagino
não são mais que inesquecíveis.

Minha mãe

Minha mãe dizia que eu cavaria loucura de tanto ler.
Eu pensava em ficar louco de tanto escrevendo.
Mas descobri que a loucura é um luxo
caprichoso demais
para quem estudou em escola pública
e era preciso manter de pé a taquara do dia
para criar meus filhos.

Não sei se sou artista
ou se apenas leciono e escrevo:
enquanto os filhos dormem
eu invento vigília da sandice
e me liberto
o mínimo suficiente
desses pés que não param de crescer.

Como todo menino que sonha

Como todo menino que sonha
eu já quis ser parte do mundo, como uma pedra.
Mas o Brasil nunca me alistou
pra ser fronteira.

Jamais pude cantar de espada,
dormir de espora,
ou descansar de espeto.
Só pude ser espera.

Como todo menino que sonha
já quis desenrolar o meu cordão.
Mas o Brasil nunca me convocou
pra ser um rio.

Jamais pude me afogar de fato
num fundo de lata
ou fundo de lago.
Só pude me afogar com a fala.

Já quis jogar num campo de onze
com torcida, goleiras, cal, gramado
e trio de arbitragem (como todo menino que sonha).
Mas o Brasil nunca deu bola pra mim.

Razões

Havia um professor de Física
que dizia que a luz não se gastava
e ele tinha razão.
Também tinha razão o pernambucano
de cara furada
que dizia nada pode mais
que um chaveiro em forma de figa.

Mamãe me isolava o cabelo
com abas de papelão
e matava piolhos com detefon
e ela tinha razão.
Podia também ter razão o sujeito alemão
que disse que eu tinha
verborragia
e pelancas no texto e eu pensando
que faço daí?

Meu tio falava com os peixes
e era estúpido ele e o rio
num silêncio deste tamanho
mas ele tinha razão.
Tinha razão a moça que fugiu para Santa Catarina
dizendo que eu não era
nem amante nem filho nem marido nem nada
eu era era egoísta
e ela tinha razão.

Só tenho razão
quando trabalho e respondo sim

Labirinto com linha de pesca

ou quando pergunto
olhar as horas pra quê?

Login

Não nos azulejos que choram seus mortos
mas nas colheres vazias e rasas
está minha trégua.

Aprendi com a maçaneta a ceder à mínima força
mas minha coluna não tem dono
e a minha cabeça sou eu quem a derrubo.

Os irmãos se dissolveram na tela
mas ganho 700 amigos.com a cada nova semana.
Entre eles, três que usam o meu nome.

Votei nas garrafas antigas de vidro
e contra o holocausto do segredo
e mesmo assim me escoltam os telefones móveis.

As telhas de barro são meu partido:
minha ideologia é lançar sobre elas o sabão
e esperar que se calem as chuvas e os sapos.

Pra baixo de qual mesa rolou o brinquedo de buscar
nas casas os outros 10 do futebol?
Naquele tempo perdíamos o jogo apenas.

Hoje sobrou uma criança que remava seu balde
num rio loteado por garrafas de plástico.
Se o vento está cercado, o grito vai pagar imposto.

A Bem Guardado

Pra guardar na tampa da compota
toda tarde de areião com duas goleiras e três times na
                                                       [cerca
também as meninas subindo de cheiro a ladeira de
                           [pedra e um minuto de silêncio
e também a menina goleira, a primeira que eu vi.

Pra guardar em carretel
todas as pipas pernambucanas do irmão mais velho
sobretudo aquela com laranja com branco com linha
                                                          [sem fim
e sobretudo aquela dele que ri porque uma cabra a comeu.

Pra guardar embaixo da língua
todos os dias na construção de concreto parada de sol
onde o irmão do meio treinava cachorros iguais aos do
                                                        [filme
e onde um homem feito cachorro lambia onde a
                                         [mulher apontava.

Pra guardar dentro do vinho
todas as primeiras garrafas para onde se foge de casa
apesar do outro dia ao meio-dia e das provas de matemática
e apesar de que ir pra casa era inventar outra língua.

Pra guardar embaixo do assoalho
todas as meninas que eu soube que souberam demais
se bem que o demais foi como o açúcar e o frio
e se bem que o demais foi tudo que eu quase.

Pra guardar na palavra
todas as mentiras da mãe depois do serão na empresa de lã

como a da cera do soalho que vinha da orelha do macaco
e como a do pé de alface na horta da orelha sem banho.

Pra guardar de silêncio
todos os que olhavam o filho do meu pai-que-morreu
eu entendendo que nunca mais o meu pai era jóquei
e eu entendendo que um homem podia dormir numa
                                    [gaveta.

Pra guardar no esquecimento
toda estupidez no menino que me arremedou eu sendo
                                    [professor
então eu gritava Qual o teu nome e fala mais alto que
                                    [não entendi
e então ele disse difícil que só tinha metade da língua.

lembranças

É que me lembrei
do filho que não tive.

É que me lembrei
que meu futuro professor
não sabe ler nem escrever.

E é que me lembrei
do cheiro que não ficará
na tampa do fio de cabelo.

É que descobri
uma lógica nova
no tempo, estúpido, da ausência.

A matéria do eterno

Para fazer um eterno,
Minha mãe precisou emoldurar
Sophia Loren com lingerie num quadrado azul
que pregou no meu quarto.

A mãe não sabia,
mas uma colega de aula
deixou escapar ao meu olho
uma nesga de roupa de baixo
que até hoje permanece
a figurinha mais difícil do álbum.

(Não entendo como,
mas ela apagou a Sophia Loren do quadro).
Nunca suspeitei
que o tempo da ausência
já vinha com roupas íntimas de se imaginar.

Só agora que lembro
que não consigo esquecer:
era uma vez a moça de calcinhas sutis
(a moça me disse uma porção de coisas
e foi embora
sem nunca conseguir ir embora).

Eu queria rir
e dizer pra moça qualquer coisa
que não fosse o que vi.

Mas não pude
e a moça ficando pequena

Labirinto com linha de pesca

é hoje feita de uma substância
que o olho recolhe e retoca
nas molduras mais particulares
que nem a Sophia Loren merecia.

Altair Martins

(o parente das pedras que sentem sede)

Uma coisa é lembrar,
a outra é um paciente com plano de saúde.
Se valem motivos,
é porque ontem foi possível escutar o baixo
numa calha que não dá vazão.

Tem um jogo que a gente inventa a regra
pra não acabar quando se põe a meia.
Uma coisa nova é feminina
como uma laranja do céu.
Mas há quem prefira apenas escutar que a laranja é doce.

É na distância que a gente mede
o farol do cigarro de quem, no pensando, dorme.
De perto se batizam as mãos que nos tocam o piano.
Mas uma coisa é estar perto, e uma outra
é só uma fatia à espera de um pai legítimo.
Mas a verdade é tudo que cabe.
(Qual é a medida do respirando junto?)

Tem visita que traz a gente de volta,
sobretudo quando parte sem o guarda-chuva.
Porque uma coisa é o risco,
a outra é o triz.

Fazer voar é a melhor das coisas
do respingo.

Oração

Ontem, quando morri, Senhor,
minha pele se ajoelhou diante da tua,
e tu cortaste a luz do meu poste
para que eu não lesse nada além do sono.
Me fizeste repetir tantas vezes teu nome
que decorei esse teu orgulho por infinitos.

Ontem, quando morri, Senhor,
tua vaidade me contou
que todas as mulheres foram criadas
para a onipresença do teu desejo.
E me mandaste escolher
entre todas as mulheres dos meus amigos,
inclusive a mãe do teu filho.

Aprendi contigo a minerar meninas índias
e a secar o sangue virgem
com as areias do teu sopro.
Teus dedos furavam os olhos das crianças,
e me disseste que a beleza do teu mundo era no escuro.

Teus negros moíam pedras com a língua
e teu capricho infinito arquitetava uns mundos
onde teu suor sempre transpira.
E quando tive vontades de pão,
tua bondade guspiu a formiga
para roubar o dente da minha fome.

Descobri teu segredo mais humano,
e fizemos ouro, urinando invejas um ao lado do outro.

Altair Martins

Falei do pus, da inveja e de cães amputados,
e teu ouvido não perdoou o meu
e também não te perdoei por achares tudo muito bonito.

Descobri tuas mãos e roí tuas unhas de terra
e cravei minha vontade afiada no coração do teu pulso.
Me apaixonei pela miss universo do teu rosto
e descobri que o amor é a lavoura das unhas.

Provar o visgo do teu sexo
foi descobrir que não eras mulher ou homem, Senhor.
Mas um filho nosso, nascido cego,
nos continua assim.

Tua morte desconhece a aspirina:
é evidência mais que qualquer outra
(do mito).

Com Urgência

É preciso saber:
a) quantas vezes me amaram de graça,
b) quantas mulheres engravidei com um livro,
c) quantos dias seguintes foram dignos do dia seguinte.

Mas o dia seguinte não é preciso.

É preciso saber:
a) qual beijo foi o primeiro beijo,
b) por que me tornei homem pela primeira vez na
[quinta mulher,
c) quem dormiu primeiro da primeira vez que não
[dormi comigo.

Mas nada comigo é preciso.

É preciso saber:
a) se as mulheres bonitas não eram feias no escuro,
b) se havia cura para quem não teve cura,
c) se o ladrão do meu cachorro não o deixou morrer de
[sede.

Mas o dia de morrer não é preciso.

É preciso saber:
a) como gravar em CD a notícia de que não tive mais pai,
b) como pegar pelo pé o amigo que se mergulhou para
[sempre,
c) como escrever o momento em que descobri o meu
[nome.

Mas meu nome não é preciso.

Preciso saber
a) quem era eu quando matei um passarinho com
[arma de ar,
b) quem me fui quando fui pelo mínimo bastante,
c) que fazer depois que se escreve o pior livro do mundo.

Mas viver sem o porquê das coisas é preciso.

saudade

E descobri que o vazio
se finca em quem fica.
Posso dizer.
E descobri que inventar
uma pílula de feliz
é bobagem
diante das coisas de graça,
(como um dedo comprido
numa boca pequena).

Não sei por que,
mas descobri que a gente
não é dono da gente,
como o pobre do peixe
afogado no prato.
(E as tardes
e as pernas
e uma verdade).

Não sei onde se enterrou
a única coisa
que me era legítima.
(Escuta o baixo desta música).

Mas aprendi uma maneira de olhar pra trás
sem ter medo do que perco à frente.
Porque, cercado enfim, é melhor.

Não sei o como,
mas tenho a coisa

jantando peras
na memória do vinho.
E descobri um sentimento humano
de sentir medo e ciúme
sem abrir os olhos.

Aprendi a palavra saudade:
água,
que não mata a sede.

Labirinto com linha de pesca

Novíssimo Testamento

ao Fabrício Carpinejar

Parei de escrever
quando disseste que a verdade
não aceitava companhia.
Mas a golpeaste tanto
que em cada coisa
há o possível de um caco.

Parei de escrever
e tive medo de pecados:
humildemente confesso:
beijei o pão da palavra
antes de jogá-lo fora
(como minha mãe me ensinou).

E agora que parei de escrever
compreendi pronta a substância.
Mas meus dedos insistem
e peço perdão às mínimas coisas
(visitas da pata
com que meus pés sempre pisaram).

Parar de escrever
não vem da tristeza de ser garrafa
de vazio de dentro da garrafa
e não ter garrafas por dentro.
Vem da tua altura sem vidros.

Deste-me descobrir
que no muro salpicado

deixei o tampão do dedo do pé
num pé que dá fruto quando quero.
E não troco tua sombra
por nenhuma árvore
apesar de tudo agora caber no meu olho.

      Compreendo que o oitavo-dia
esperava por ti.
Vieste no entretanto, vingador,
dos lados do dia nove com os outros dias
e o oito se deitou e agora dorme
nas laranjas azedas de fazer doce.

      Se amanhã eu voltar a escrever
será por piedade
dos teus inimigos
(atrás dos vidros).

Impresso para a editora Diadorim
Fonte Chaparral Pro 12/14
Porto Alegre, abril de 2021